Made in the USA
Monee, IL
23 December 2021

86858533R00063